Meinen herzlichen Dank

an meinen Mann Hubertus, für seine Unterstützung,

an Barbara Thomas, Gabriele von dem Hagen, Christine Sawinski und Ilka Sampel, für ihre Hilfe,

an Franz-Eric und Christopher Schmidt (vor vielen Jahren die ersten Testpersonen),

an meine Eltern, die mir so viel ermöglicht haben,

an Maximilian und Varena, weil sie mir so viel Freude schenken, und

an den Verlag an der ESTE, der meinen Traum wahr werden lässt.

Doris Thomas

Die Autorin

Doris Thomas, geboren 1966, hatte ihre erste Begegnung mit Walen 1993 an der Ostküste der USA. Seitdem ist sie von diesen Tieren fasziniert. Doris Thomas versucht mit Dia-Vorträgen und ihren Büchern, ihre Begeisterung an Kinder weiterzugeben.

Doris Thomas lebt mit ihrer Familie in Pfaffenhofen. „Zabu – Die Abenteuer eines jungen Schwertwals“ ist ihr erstes Kinderbuch.

Die Fortsetzung „Zabu – Ein Schwertwal sucht das Unbekannte“ ist im April 2007 erschienen.

Doris Thomas

Zabu
Die Abenteuer eines jungen Schwertwals

Mit Illustrationen
der Autorin

Verlag an der
ESTE

In neuer Rechtschreibung
Originalausgabe

3. Auflage

Umschlaggestaltung: Grafik-Design-Service unter Verwendung der Bilder von Doris Thomas
Herstellung: Sachsendruck, Plauen
ISBN 3-926616-92-X
www.leseland.de

Inhaltsverzeichnis

Die Trennung

Der Tag, an dem die Abenteuer von Zabu begannen, fing wie ein ganz gewöhnlicher Tag an. Am Morgen hätte noch niemand vermutet, dass etwas Besonderes geschehen würde.

Zabu gehörte zu einer Schwertwalfamilie. Er war noch nicht erwachsen, aber auch kein ganz junger Wal mehr. Seine hellen Flecken leuchteten in strahlendem Weiß, nicht gelblich rosa wie bei Walbabys.

Zabu wurde nicht mehr von seiner Mutter gefüttert, denn er konnte schon selber Fische fangen. Es gab allerdings viele Dinge, die er noch lernen musste. Das sollte unfreiwillig an diesem Morgen beginnen.

Die Sonne ging gerade auf, Zabu und seine Familie waren noch recht verschlafen. Schwertwale sind sehr stark und werden deswegen von allen Meerestieren gefürchtet. Sie konnten also ruhig schlafen und hatten nicht einmal einen Wachposten.

Die ersten Sonnenstrahlen erhellten das Wasser, als sich langsam ein Schatten über Zabus Familie schob. Die Wale hatten schon oft das Tuckern von Motoren gehört, aber weil sie noch müde waren, beachteten sie das kleine Schiff nicht, das sich ihnen näherte. Langsam und gleichmäßig senkte sich eine Art Wand von der Wasseroberfläche bis zum Meeresboden.

Das Boot kam immer näher und näher, fuhr über die Wale hinweg und trennte mit einem riesigen Netz Zabus Familie in zwei Teile.

Jetzt erwachten die ersten Wale, und mit einem Schrei des Entsetzens weckten sie den Rest der Familie. „Ein Netz, ein Netz!“, riefen sie wild durcheinander.

Die Wale blickten sich erschrocken um und erkannten, was geschehen war. Alle befanden sich auf der einen Seite des Netzes, alle, außer Zabu. Er starrte verwirrt auf das Ding, das ihn von seiner Familie trennte.

„Zabu, bleib, wo du bist!“, schrie ihm seine Mutter zu. Zabu spürte ihre Angst und rührte sich nicht von der Stelle. „Was ist das?“, fragte er. Seine Mutter bemühte sich, ruhig zu bleiben, obwohl sie sehr aufgeregt war.

„Es ist ein Netz, Zabu. Wir haben dir doch schon einmal von den Menschen erzählt. Sie leben nicht hier im Wasser, aber sie haben Boote, und mit diesen Netzen fangen sie Fische, ohne selber ins Wasser zu müssen.“

Zabu konnte sich das nicht vorstellen. Mit so etwas Komischem, einem Netz, Fische fangen. Pah, Menschen mussten langsame Schwimmer und schlechte Jäger sein. „Aber ich kann euch doch sehen. Kann ich nicht einfach durch das Netz schwimmen?“

„Nein Zabu, das Netz ist zu fest. Du würdest dich darin verwickeln und vielleicht ersticken“, mahnte seine Mutter. Zabu konnte sich auch das nicht vorstellen, aber er hatte gelernt, auf seine Mutter zu hören. „Ich will aber wieder zu dir. Ich will auf deine Seite. Ich will hier nicht ganz alleine sein.“

Zabu schluchzte. Die Wale berieten sich. Sie steckten die rundlichen Köpfe zusammen, so dass Zabu nur noch ihre mächtigen Schwanzflossen sehen konnte.

Auch Zabus Tanten überlegten angestrengt, wie sie Zabu zu sich holen könnten. Man durfte dem Netz nicht zu nahe kommen. Netze waren schon für viele Tiere zu einer tödlichen Falle geworden. Zabu war ein guter Springer, aber bei dem Versuch, das Netz zu überqueren, hätte er sich ebenfalls leicht verfangen können.

Zabu wurde ungeduldig. „Mama! Was soll ich jetzt machen?“, rief er verzweifelt. Seine Familie war sich inzwischen einig geworden. „Gut, Zabu. Es bleibt nur eine Möglichkeit. Das Sicherste ist der weite Weg um das Netz herum.“

Zabu machte große Augen. Seine Mutter fuhr fort: „Das Netz ist sehr, sehr lang, und irgendwann werden die Menschen es in einer Richtung zuziehen. Dann müssen wir weit weg sein, damit wir nicht darin gefangen werden."

Zabu versuchte sich vorzustellen, was es bedeutete, in einem Netz gefangen zu sein. Bisher war das Auftauchen und Luftholen für ihn immer selbstverständlich gewesen. In einem Netz gefangen käme er wahrscheinlich nicht mehr an die Wasseroberfläche und müsste jämmerlich ersticken.

Ihm wurde mit einem Schlag klar, wie gefährlich das Netz war, und mit einer kräftigen Bewegung seiner Seitenflossen wich er zurück.

„Ich soll also von euch wegschwimmen, einen großen Bogen ziehen und euch dann irgendwo wieder treffen?", fragte er und wusste eigentlich schon die Antwort. Ja, so musste er es machen.

Er sah die bekümmerten und besorgten Gesichter seiner Familie. Seine Mutter versuchte ihm die Angst ein wenig zu nehmen und machte ihm Mut. „Zabu, du gehörst zu den stärksten Tieren im Meer. Kein Tier wird es wagen, dir etwas Böses zu tun. Nur vor den Menschen musst du dich in Acht nehmen. Gehe ihnen aus dem Weg. Schwimm jetzt los. Keine Sorge, wir werden uns bald wiedersehen."

Zabu wollte seine Mutter nicht noch mehr beunruhigen, und so verabschiedete er sich tapfer und kehrte seiner Familie schweren Herzens den Rücken zu. Mit kräftigen Schwanzschlägen schwamm er seinen Abenteuern entgegen.

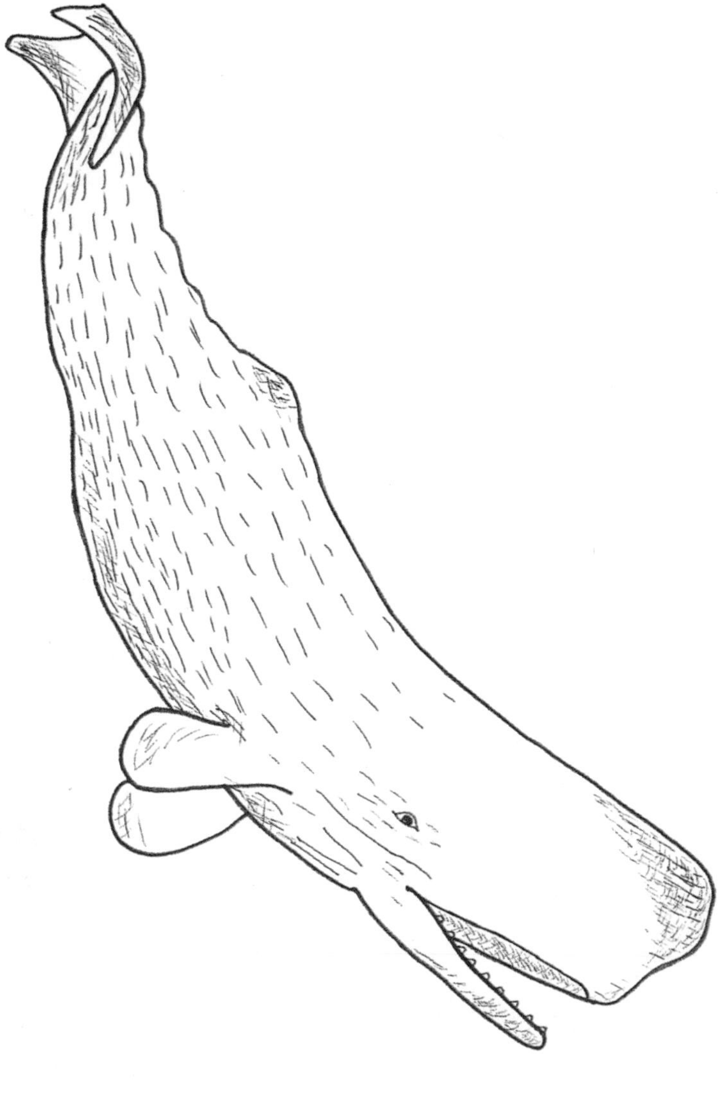

Kampf mit dem Riesenkraken

Eine Weile beeilte sich Zabu, weil er hoffte, er könne so schneller wieder bei seiner Familie sein. Nach einiger Zeit wurde er jedoch müde. Die Auf- und Abwärtsbewegungen seines Schwanzes wurden immer langsamer, und er beschloss, sich für einen Moment an der Wasseroberfläche auszuruhen.
Langsam tauchte er auf, und die Sonnenstrahlen hießen ihn willkommen. „Ah“, sagte er zufrieden zu sich selbst, „eigentlich geht es mir doch gar nicht so schlecht. Ich kann tun und lassen, was ich will, und vielleicht kann ich sogar neue Freunde finden. Wenn ich mit meiner Familie zusammen bin, gehen uns alle anderen Tiere aus dem Weg. Sie haben Angst vor unserem großen Maul mit den vielen Zähnen.“

Es gibt drei Schwertwalgruppen. Zwei davon fressen Fische. Wobei eine dieser Gruppen draußen im offenen Meer lebt und die andere, zu der Zabu gehörte, in Küstennähe. Die dritte Gruppe sind gefürchtete Räuber, weil sie andere Säugetiere wie Robben und sogar Wale jagen.

Zabu konnte verstehen, warum alle Meerestiere große Angst vor Schwertwalen hatten. Allerdings war er sehr neugierig und wollte gerne einmal andere Walarten kennen lernen, denn was ihm darüber bisher erzählt worden war, konnte er kaum glauben.

Zabu war in Gedanken versunken und wurde plötzlich durch ein Geräusch in die Wirklichkeit zurückgeholt. „Puhhh!“, hörte er ein Schnaufen und sah nicht weit entfernt einen meterhohen Wasserstrahl in die Luft schießen.

„Puhh“, machte es schon wieder, und zwar so laut, dass Zabu vor Angst erstarrte. „Puhh, na Kleiner, wer bist du denn?“ Die Stimme war so kräftig, dass Zabu entsetzt die Augen aufriss. Vor ihm tauchte ein riesiger Kopf auf.

„Puhh, kannst du nicht sprechen?“ Zabu schluckte schwer. Er nahm allen Mut zusammen.

„Ich, ich, ich... ich bin Zabu“, stotterte er, „und wer bist du?“ – „Puhh“, sagte der große Kopf, „mein Name ist Piet.“

Zabu konnte jetzt genau erkennen, was da vor ihm schwamm. „Du bist aber groß, und du siehst so komisch aus“, staunte er.

Piets Gestalt war aber auch wirklich ziemlich seltsam. Sein Kopf war fast so groß wie der Rest des Körpers. Die Augen lagen weit hinten, und das Maul war lang und schmal. Von vorne konnte man es kaum richtig erkennen.

Der große Wal wurde ungeduldig, er war es nicht gewohnt, derart gemustert zu werden. „Du hast wohl noch nie einen Pottwal gesehen, wie?“, fragte er, und Zabu merkte, dass er sich sehr unhöflich benommen hatte. „Entschuldigung“, stammelte er, „ich habe wirklich noch nie einen Pottwal gesehen. Du bist bestimmt sehr stark, oder?“

Piet fühlte sich ein bisschen geschmeichelt und prahlte: „Oh ja. Ich bin der größte und stärkste Wal, der Zähne hat. Es gibt noch größere Walarten, aber die sind keine Kämpfer wie ich. Sie sind wehrlos, weil sie keine Zähne haben und sich nur von winzigen Tierchen ernähren. Ich esse riesige Tintenfische, mit denen ich ganz tief am Meeresgrund kämpfe. Sieh nur auf meinen Kopf.“

Er streckte Zabu den mächtigen Schädel entgegen, auf dem viele Kratzer und kreisrunde Narben zu sehen waren.

Zabu konnte sich nicht erklären, woher Piet diese Narben hatte. „Kommt das vom Kämpfen?“, fragte er ungläubig.

„Ja“, antwortete Piet stolz, „die runden Narben stammen von den Saugnäpfen der Riesenkraken. Wenn du es nicht glaubst, kannst du ja mit mir in die Tiefe tauchen. Ich werde uns ein schönes Festmahl fangen.“

Zabu zögerte kurz, aber dann holten beide Wale Schwung und tauchten so steil nach unten, dass für einen Moment nur ihre Schwanzflossen aus dem Wasser ragten.

Sie schwammen tiefer und tiefer. Es wurde immer dunkler, weil die Sonnenstrahlen nicht so weit in das Wasser vordrangen.

„Es ist besser, wenn du hier auf mich wartest“, mahnte Piet. „Du kannst nicht noch tiefer tauchen, und außerdem ist es sicherer für dich. Du solltest mich besser von hier aus beobachten.“

Zabu kam dieser Vorschlag gerade recht, denn langsam wurde es ihm unheimlich. Er blieb also zurück, während Piet weiter in die Dunkelheit abtauchte.

Als der Pottwal nur noch undeutlich zu sehen war, entdeckte Zabu ein zweites Tier. Piet steuerte direkt darauf zu.

Es war ein riesengroßer Krake, ein Tintenfisch, so groß, wie ihn Zabu noch nie zuvor gesehen hatte. Zehn Arme konnte Zabu zählen. Somit hatte dieses Ungetüm zwei Arme mehr als die Tintenfische, die er kannte!

„Oh Mann“, sagte er laut. So etwas hatte er nicht für möglich gehalten. Piet riss das Maul weit auf und stürzte sich auf seinen Gegner.

Der Krake streckte zwei Fangarme nach dem Pottwal aus, während er sich mit den anderen acht Armen am Meeresgrund festhielt.

„Wenn sich Piet nicht bald befreien kann,

wird er ersticken“, ging es Zabu durch den Kopf. Einige Saugnäpfe hafteten bereits an Piets Kopf, aber der Kampf war noch nicht entschieden. Der Wal drehte sich und schnappte immer wieder nach den Fangarmen, die sich dadurch von seinem Kopf lösten. Mit einem kräftigen Schlag der Schwanzflosse stieß er erneut nach vorne.
Plötzlich stieg eine dunkle Wolke von den Kämpfenden empor und hüllte sie ein. Zabu hielt den Atem an. Er konnte Piet nicht mehr sehen und machte sich große Sorgen. Nach und nach löste sich die Tintenwolke wieder auf. Zabu sah eine große Gestalt.
Er konnte sie zunächst nicht genau erkennen, doch schließlich wurde das Bild klarer. Es war Piet. Zabu war sehr erleichtert und begrüßte seinen Freund begeistert. „Wow, Piet. Du bist wirklich ein mutiger und starker Wal.“ Piet war sehr erschöpft, aber er hatte den Kampfplatz als Sieger verlassen.

Stolz hielt er einen der riesigen Fangarme im Maul. „Los, nimm dir ein Stück“, bot er Zabu an. Nachdem Zabu satt war, verschlang Piet den Rest in einem Stück. Dann tauchten sie gemeinsam an die Oberfläche und erholten sich. Piet von seinem anstrengenden Kampf und Zabu von der Aufregung.

Als sie ruhig nebeneinander herschwammen, musste Zabu wieder an seine Familie denken. Er hatte sie tatsächlich für eine Weile ganz vergessen. „Ich muss dich leider wieder verlassen, Piet“, seufzte er, „meine Familie wartet auf mich, und ich habe noch einen langen Weg vor mir.“

Piet hatte dafür Verständnis. „Vielleicht werden wir uns irgendwann wiedersehen.“

Die Freunde verabschiedeten sich voneinander, und der Pottwal zeigte Zabu die Richtung, in die er nun schwimmen sollte. Während Piet in die Tiefe tauchte, um neue Beute zu suchen, schwamm Zabu schnurstracks dem nächsten Abenteuer entgegen.

Takis Geburt

Die Sonne hatte ihren höchsten Punkt bereits überschritten. Es war Nachmittag. Zabu war fröhlich. Er hatte einen Freund gewonnen, und noch dazu einen so starken wie Piet.

Das Meer war ruhig, und Zabu sprang aus lauter Übermut immer wieder aus dem Wasser.

„Platsch" machte es jedes Mal, wenn er ins Wasser zurückplumpste. Er hatte großen Spaß daran. Anlauf nehmen, „Huiii!" und „Platsch".

Immer wieder sauste er aus dem Wasser und klatschte kurz darauf mit seinem schwarz-weiß schimmernden Körper auf die Wasseroberfläche. Das ging so eine ganze Weile, bis Zabu müde wurde.

Er schwamm knapp unter der Wasseroberfläche, als er auf einmal seltsame Töne vernahm. Sie waren sicher schon lange zu hören gewesen, aber Zabu hatte so viel Krach gemacht, dass er sie nicht bemerkt hatte.

Nun waren allerdings sehr viele verschiedene

Töne zu hören. Es klang wie Gesang. Unheimlich, aber wunderschön. Zabu lauschte und versuchte die Richtung zu bestimmen, aus der diese wundervolle Musik kam. Er steuerte direkt darauf zu.

Als die Sonne das Meer schon rötlich färbte und der Abend gekommen war, konnte Zabu nicht mehr erkennen, woher die Töne kamen. Er war umgeben von einem Gesang, wie er ihn schöner noch nie vernommen hatte.

Welches Tier konnte so wundervolle Töne erzeugen? Er blickte sich suchend um. Ja, da hinten war etwas. Ein großer Wal lag ganz still im Wasser. Zabu schwamm neugierig näher.
„Oh nein, oh nein, oh nein“, klang es verzweifelt. Zabu musterte den großen Wal. Wie Piet war auch dieser Wal viel größer als er selbst. Er sah auch ganz anders aus, sogar anders als Piet.

Was Zabu besonders auffiel, waren die langen weißen Seitenflossen. Sie leuchteten unter Wasser. „Oh nein, oh nein“, hörte er es wieder jammern. Zabu war klar: Da war jemand sehr verängstigt. „Hallo?“, fragte er vorsichtig.

Erschrocken richtete der große Wal seinen Blick auf Zabu.

„Oh nein, jetzt auch noch ein Schwertwal", konnte Zabu hören. „Bist du alleine?", wurde er gefragt.

„Ja, ich bin ganz alleine. Ich wurde von meiner Familie getrennt, und nun suche ich nach ihr", erklärte er. „Kann ich dir irgendwie helfen? Du hast wohl großen Kummer, weil du so jammerst." – „Ja, ich habe große Sorgen, ich bin Ulina und bekomme gleich ein kleines Walbaby. Sieh nur!"

Zabu entdeckte den kleinen Schwanz, der unten am Bauch der Wal-Dame zu sehen war. „Das ist aber doch kein Grund, traurig zu sein“, sagte er. Die Wal-Dame stöhnte: „Ich freue mich ja auch auf mein Baby, aber es ist in großer Gefahr.“ – „Wieso denn?“, fragte Zabu erstaunt, und Ulina versuchte es ihm zu erklären. Sie öffnete ihr riesiges Maul.

Zabu traute seinen Augen nicht, darin waren keine Zähne, sondern jede Menge lange dünne Knochen.

Ihm fielen Piets Worte ein: „Wale ohne Zähne.“ Piet hatte auch gesagt, dass diese Wale wehrlos und trotz ihrer enormen Größe keine Kämpfer sind.

Die Wal-Dame Ulina sagte: „Ich bin ein Buckelwal. Unsere Art gehört zu den Bartenwalen.

Was du in meinem Maul siehst, nennt man Barten. Damit filtere ich kleine Krebse aus dem Wasser, wie mit einem Sieb.

Weil ich aber keine Zähne habe, kann ich mich schlecht gegen Feinde wehren. Dort drüben wartet ein großer Hai nur darauf, dass er mein Kleines packen kann. Er wird es töten, denn ich kann es nicht beschützen.“

Erst jetzt bemerkte Zabu den Hai. Er zeigte jedoch keine Angst, obwohl der Hai fast genauso groß war wie er. Mutig schwamm er zwischen Ulina und den Hai.

„Du brauchst keine Angst zu haben. Um den Hai kümmere ich mich, bekomme du ruhig dein Junges. Sei unbesorgt!“ Ulina war erleichtert, und es dauerte nur wenige Minuten, da stupste sie ihr Neugeborenes für den ersten Atemzug an die Wasseroberfläche.

Neugierig hatte Zabu die Geburt verfolgt. Aber er behielt auch den Hai im Auge, und das war gut so. Denn Zabu konnte gerade noch rechtzeitig eingreifen, als der Hai versuchte, an ihm vorbeizuschwimmen, um sich den kleinen Wal zu schnappen.

Zabu riss sein Maul weit auf und schwamm mit voller Kraft auf den Hai zu. Der Hai sah wohl ein, dass er gegen einen Schwertwal nicht gewinnen konnte, drehte ab und schwamm so schnell er konnte davon.

„Ha, ha, ha“, lachte Zabu, „dem habe ich es aber gezeigt.“ Er gab schon ein bisschen an, um Mutter und Kind zu beeindrucken.
In seinem Inneren jedoch zitterte er ein wenig, denn der Hai war ja nicht gerade klein gewesen. Zabu war heilfroh, dass es nicht zu einem Kampf gekommen war.
Nun konnte er das Walbaby endlich begrüßen: „Hallo, du, wie heißt du denn?“ – „Ich weiß nicht“, piepste der Kleine mit heller Stimme, „Mami, wie heiße ich?“
Ulina überlegte. Normalerweise sucht die Patentante, die bei der Geburt hilft, den Namen aus. Diesmal war keine ihrer Schwestern rechtzeitig gekommen, und der Einzige, der ihr geholfen hatte, war ausgerechnet ein Schwertwal, nämlich Zabu.

„Tja, was machen wir denn da?“, dachte sie laut. „Ich glaube, es wäre nur gerecht, wenn Zabu dir einen Namen gibt, mein kleiner Sohn. Zabu, willst du die Patenschaft übernehmen und einen Namen aussuchen?“ Zabu war sofort begeistert und überlegte angestrengt, welcher Name wohl zu diesem süßen kleinen Wal passen könnte. „Ich bin sehr stolz, dein

Pate zu sein“, sagte er zu dem jungen Wal, „und man soll dich in Zukunft Taki nennen. Taki. Das ist dein Name.“
Die drei Wale schwammen erleichtert und zufrieden nebeneinander her, und Zabu erfuhr etwas mehr über Buckelwale. So zeigte Ulina beim Untertauchen ihren gekrümmten Rücken an der Wasseroberfläche, und Zabu verstand, warum diese Art den Namen „Buckelwal“ trug.

Er konnte sich Ulinas Angst vorstellen, als er erfuhr, wie gefährlich Schwertwale für Buckelwale sein können. Sofort erklärte er ihr, das er nicht zu dieser Gruppe der Fleischfresser gehöre und nur Fisch jage. Mehrfach versicherte Zabu, dass er ganz harmlos sei und schließlich glaubte ihm Ulina. Zabu war erleichtert. Er hatte nun zwei Buckelwale als Freunde.

Inzwischen war es schon dunkel, die Sonne war bereits untergegangen. Noch immer ertönte das Meer von den schönen Gesängen, und Ulina erklärte Zabu, dass diese Lieder von Buckelwalmännchen gesungen werden. „Sie wollen uns Weibchen damit gefallen“, sagte sie leise. Und noch leiser fügte sie hinzu: „Ist es nicht zauberhaft?“

Die ganze Nacht hindurch lauschten sie gemeinsam den Gesängen der Männchen. Am Morgen trafen sie Ulinas Schwestern, und weil Ulina und Taki nun in Sicherheit waren, konnte sich Zabu verabschieden.

„Eine Frage noch. Könnt ihr mir sagen, wie ich zu meiner Familie komme?“ Zabu war ein wenig enttäuscht, als er keine genaue Antwort bekam, aber sie zeigten ihm die ungefähre Richtung, und so machte er sich auf den Weg.

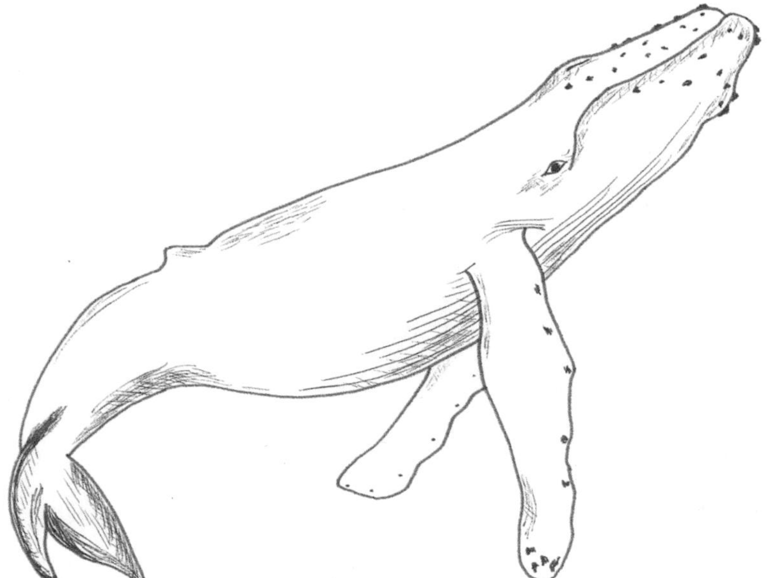

Makara, der Blauwal

Zabu hatte seit der Trennung von seiner Familie schon viel erlebt. Das Abenteuer mit Piet, als Zabu den schweren Kampf mit dem Riesenkraken beobachtet hatte. Die Bekanntschaft mit Ulina und Taki, als er Tapferkeit und Mut gezeigt hatte. Er hatte so viel Neues erlebt, und in seinem Kopf schwirrten die Bilder der letzten Ereignisse herum.

Zabu schwamm viele Stunden und war so sehr in Gedanken versunken, dass er alles um sich herum vergaß.

Er merkte kaum, was um ihn herum geschah oder was vor ihm im Wasser war. Er erwachte unsanft aus seinen Tagträumen, weil er plötzlich nicht mehr weiterschwimmen konnte. Vor ihm schwebte eine große helle Wand im Wasser.

Zabu wunderte sich sehr, denn obwohl es so schien, als ob er einen Felsen vor sich hätte, gingen von dieser mächtigen Wand Lebenszeichen aus.

Zabu spürte es deutlich. Es musste ein Tier sein, das genauso warmes Blut in seinen Adern hatte wie er selbst. Aber er konnte nur die eigenartige Wand erkennen, die bei genauerem Hinsehen bläulich schimmerte.

„Was bist du?“, fragte er, ohne zu wissen, wo der Anfang und das Ende dieses komischen Tieres war. „Was soll das heißen?“, hallte es. „Ich bin der Riese unter den Lebewesen, und wenn du Winzling etwas Abstand nimmst, dann kannst du mich auch besser erkennen.“

Zabu dröhnte der Kopf von dieser tiefen und lauten Stimme. Er war aber viel zu neugierig, um einfach das Weite zu suchen.

Also schwamm er nur wieder ein Stück zurück und drehte sich dann gespannt um.

„Boahhh!“, staunte er. „Das kann doch nicht wahr sein. Du bist ja ein Riese!“ Was er vor sich sah, war tatsächlich so groß, dass man es kaum glauben konnte.

Das Maul ähnelte dem von Ulina, der Buckelwal-Dame, aber alles war noch viel, viel größer. „Bist du ein großer Buckelwal?“, fragte Zabu deshalb. „Und tu mir bitte einen Gefallen“, fügte er schnell hinzu, „sprich bitte ein bisschen leiser. Mir tut der Kopf weh, wenn du so laut redest.“

Zabu hörte ein grollendes Lachen, aber dann sprach der Riese wirklich etwas leiser.

„Ich werde versuchen, meine Stimme zu senken, mein kleiner Freund. Ich bin kein Buckelwal. Aber du liegst nicht ganz falsch. Meine Art gehört auch zu den Bartenwalen. Ich bin ein Blauwal, und mein Name ist Makara.“

Zabu stellte sich ebenfalls vor, und dann fragte er die Blauwal-Dame, ob er einmal um sie herumschwimmen dürfe, damit er sie von allen Seiten bewundern könne. Makara hatte nichts dagegen, aber sie hatte einen Wunsch. „Kannst du mir bitte einen Gefallen tun? Oben auf meinem Rücken muss irgendetwas stecken. Es piekt mich fürchterlich. Vielleicht kannst du einmal nachsehen."

„Na klar, das mache ich", sagte Zabu und schwamm los. Von Makaras Kopf bis zu ihrem Schwanz war es so weit, dass Zabu mehrere Schwanzschläge machen musste.

Makara war bestimmt fünfmal so lang wie Zabu, wenn nicht noch länger. Zabu war vor allem von der riesigen Schwanzflosse begeistert. Dann erinnerte er sich wieder an Makaras Bitte. Er schwamm von hinten nach vorne und suchte dabei den langen Rücken des Blauwals ab.

Zunächst konnte er nichts finden, aber dann sah er etwas. „Makara, ich sehe da einen Stock, der in deinem Rücken steckt. Wie ist denn das passiert?"

Makara seufzte: „Es ist schon eine Weile her, da hörte ich sehr laut ein Schiff. Es kam immer näher, und als ich neugierig auftauchte, konnte ich sogar die Menschen auf dem Schiff erkennen.

Sie blickten zu mir hin, ich vermutete nichts Böses. Doch plötzlich sah ich diesen Stock, den sie nach mir warfen, und spürte kurz darauf das Stechen in meinem Rücken. Der Schmerz war nicht sehr groß, aber es tat dann doch so weh, dass ich vorsichtshalber abtauchte.

Lange Zeit blieb ich unter Wasser, und als ich endlich wieder Luft holen musste, war das Schiff glücklicherweise nicht mehr zu sehen. Seitdem versuche ich, diesen Stock loszuwerden. Vielleicht kannst du ihn irgendwie herausziehen?"

Zabu betrachtete den Stock genauer und versuchte herauszufinden, wie tief er in Makaras Rücken steckte und wie er ihn am besten herausziehen könnte. „Ich möchte dir nicht weh tun, Makara", seufzte er. „Oh, Zabu, keine Sorge, es wird nur ein wenig pieken.

Ich habe eine dicke Speckschicht und spüre solche Verletzungen kaum. Du brauchst also keine Angst zu haben, du wirst mir nicht sehr weh tun."

Zabu war beruhigt und machte sich sofort an die Arbeit. Er kreiste ein paarmal um den Stock, drehte sich dann ein bisschen zur Seite, damit er ihn besser mit seinem kräftigen Maul packen konnte, und zog dann ganz vorsichtig daran.

„Autsch", sagte Makara, aber Zabu zog noch ein Stückchen, und dann war es geschafft. Der Stock war draußen. Die Spitze war aus Metall und hatte zwei kleine Widerhaken.

Makara war erleichtert. „Ah, endlich bin ich dieses lästige Ding los. Es hat mich schon so lange geärgert. Vielen Dank, Zabu." Zabu schwamm mit dem Stock im Maul zu Makaras Kopf. Er zeigte ihn stolz und ließ ihn dann in die Tiefe des Ozeans sinken.

„Das hast du wirklich gut gemacht", lobte ihn Makara, „vielleicht kann ich dir auch einmal helfen". „Oh ja, vielen Dank. Im Moment möchte ich eigentlich nur zu meiner Familie, von der ich durch ein schreckliches Netz getrennt wurde. Weißt du, wo ich sie finden kann?“

Makara überlegte kurz, und dann sagte sie: „Schwimme in Richtung Sonnenuntergang. Dort wirst du auf weiße Wale stoßen. Die Belugas sind immer freundlich und hilfsbereit. Sie werden dir gewiss weiterhelfen.“

Zabu war sehr froh über diesen Hinweis. Er verabschiedete sich von seiner riesigen Freundin und zog los, um die weißen Wale zu suchen.

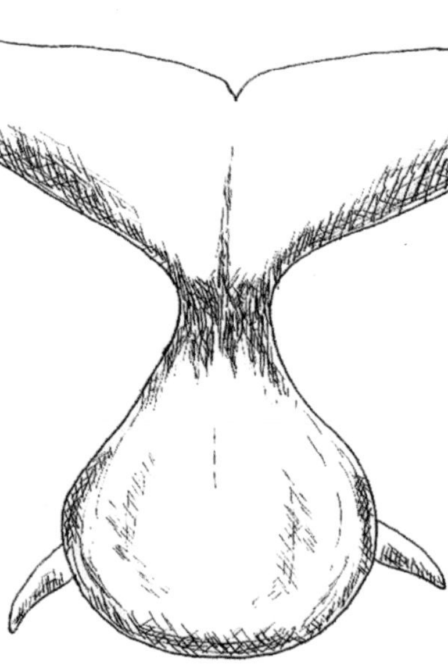

Das Lachen der Belugas

Zabu schwamm den ganzen Abend. Um seinen Hunger zu stillen, schnappte er sich hier und da ein paar Fische und hielt nach den weißen Walen Ausschau. Nach einiger Zeit war er so müde, dass er sich erst einmal ausruhen wollte.

Die Sonne ging gerade unter. Zabu beschloss, während der Nacht nicht weiterzuschwimmen, um sich nicht zu verirren. Womöglich würde er sonst an den Belugas vorbeischwimmen, ohne sie zu bemerken. Also rührte er sich die ganze Nacht nicht von der Stelle. Es sollte für Zabu eine sehr lange Nacht werden.

Es war völlig dunkel um ihn herum, und wenn er zum Luftholen auftauchte, konnte er nicht einmal das Wasser glitzern sehen. Manchmal glaubte er, dass da etwas war, aber jedes Mal, wenn er dann genauer hinguckte, war nichts mehr zu erkennen. Zabu fühlte sich beobachtet, aber so sehr er sich auch anstrengte, er konnte nichts entdecken. Es war einfach zu dunkel. Da war schon wieder etwas. Er spürte es deutlich. Direkt neben ihm. Er drehte sich hastig um. Nichts.

So ging es die ganze Nacht hindurch. Zabu war unglaublich müde, aber er konnte nicht schlafen. Immer wenn er gerade einmal Ruhe gefunden hatte, schreckte ihn wieder irgendetwas hoch. Ein heller Punkt. Ein seltsames Geräusch.

Als schließlich die Sonne langsam aufging, war Zabu völlig erschöpft. Wieder sah er etwas, diesmal direkt vor sich. Er glaubte sich zu täuschen, aber dann wurde das Tageslicht heller, und Zabu konnte allmählich eine undeutliche Gestalt erkennen.

Ein weißer Wal? Weil er so müde war, war sich Zabu nicht sicher. Deshalb zuckte er verschreckt zusammen, als er plötzlich angesprochen wurde: „Du brauchst mich gar nicht so anzustarren. Ich bin kein Gespenst."

Zabu musste sich zunächst von seinem Schrecken erholen. „Ich dachte wirklich schon, ich sehe Gespenster. Bist du heute Nacht

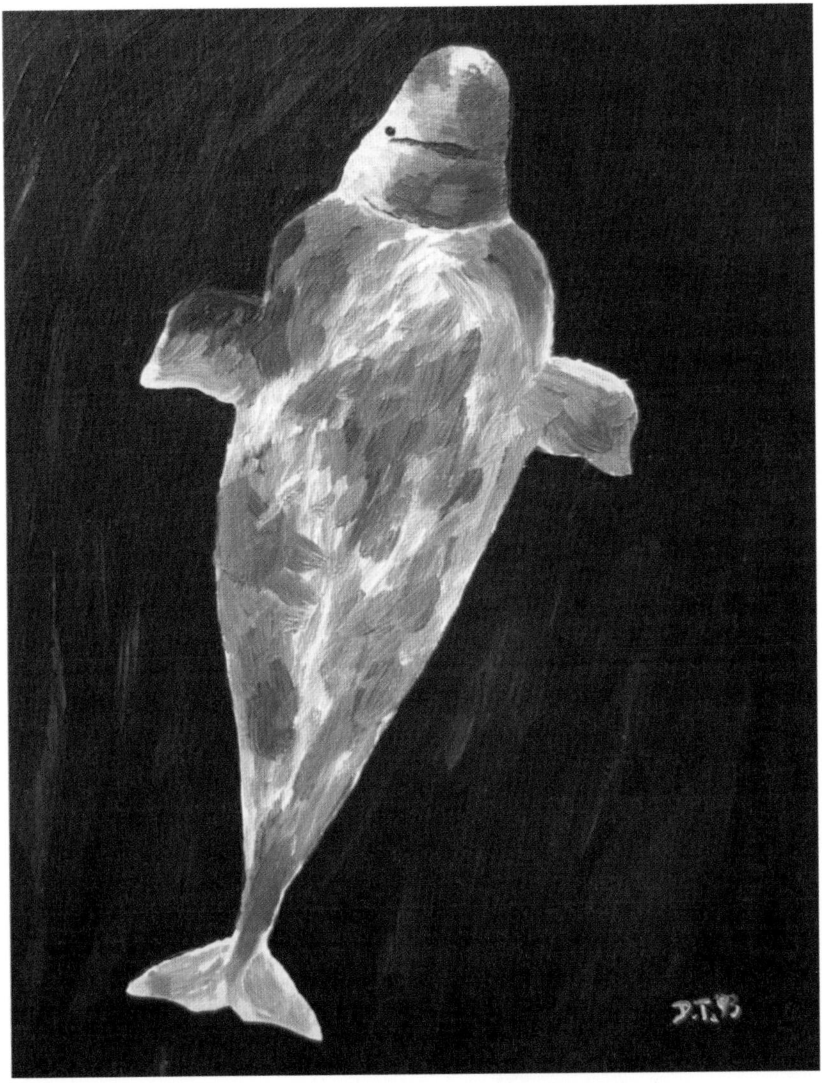

auch schon um mich herumgeschwommen?“, fragte er neugierig.

„Oh ja“, antwortete der weiße Wal, „aber nicht nur ich. Meine Familie hat sich einen Riesenspaß daraus gemacht, dich zu ärgern. Es war so lustig, weil du dich immer wieder erschrocken hast.“ Er kicherte vor sich hin.

Zabu erinnerte sich an die Angst, die er gehabt hatte, und fand das überhaupt nicht witzig. Aber sofort fiel ihm ein, dass er von den weißen Walen eine Auskunft haben wollte. Er unterdrückte seinen Ärger, obwohl er am liebsten gleich losgeschimpft hätte.

Der weiße Wal bemerkte das und fuhr freundlich fort: „Hoffentlich bist du uns nicht allzu böse. Wir waren sehr neugierig, wollten uns aber erst mal nicht zu erkennen geben, weil wir nicht wussten, ob du für uns gefährlich bist. Du siehst so ähnlich aus wie wir. Allerdings bist du fast schwarz, ein gutes Stück größer und hast eine mächtige Rückenflosse. Was für eine Art von Wal bist du?“

„Ein Schwertwal", antwortete Zabu „ich heiße Zabu." – „Mein Name ist Gal", sagte der weiße Wal.

Die beiden schwammen eine Weile umeinander herum und betrachteten sich neugierig.

„Sieh doch nur", sagte Gal endlich, „du hast ja auch einige weiße Stellen. Dein Bauch ist fast vollständig weiß. Vielleicht bist du so weiß wie ich, und wir können das Schwarze abreiben."

Das wollte Zabu nun wirklich nicht glauben. Gal aber blieb beharrlich bei seiner Meinung. Das verunsicherte Zabu. War er vielleicht auch ein weißer Wal?

Gal redete weiter auf Zabu ein, bis der Schwertwal schließlich zum Meeresgrund hinabtauchte und seinen Körper am Boden rieb. Der Sand kratzte an Zabus Haut, als er versuchte, sich das Schwarze abzureiben.
„Siehst du", rief er Gal zu, „ich bleibe schwarz. Ich bin kein weißer Wal." Gal begann zu kichern. Dann wurde das Kichern zum Gelächter. Schließlich konnte er sich kaum noch halten. „Reingefallen, reingefallen", prustete er. „Angeschmiert!"

Zabu ahnte langsam: Er war schon wieder auf den Arm genommen worden. Diesmal hätte er es eher merken müssen. Die Falle, in die er getappt oder vielmehr geschwommen war, war schon sehr offensichtlich gewesen. Zabu musste über sich selber lachen. Er war ja so dumm gewesen. Hatte ihn doch der kleine weiße Gal ein zweites Mal hereingelegt.

Die beiden Wale lachten und alberten noch viele Stunden ausgelassen herum. Schließlich wollte Zabu weiterziehen, sonst würde er seine Familie vielleicht niemals wiedersehen. Wie Makara prophezeit hatte, konnte der weiße Wal tatsächlich eine gute Wegbeschreibung geben.

„Ich wünsche dir viel Glück bei deiner Suche“, sagte er zum Abschied. Der Beluga und der Schwertwal sagten sich Lebewohl, und als Zabu losschwamm, fragte er sich, ob das wohl sein letztes Abenteuer gewesen war, das er ohne seine Familie erlebt hatte.

Zabu schwamm in die Richtung, die ihm der Beluga gewiesen hatte. Er fing sich als Abendbrot einen großen Fisch, und als es dunkel wurde, war er satt und unendlich müde. Die letzte Nacht hatte er sich ja nur wenig ausruhen können. Kaum war die Sonne untergegangen, fiel Zabu in einen tiefen Schlaf, aus dem er nur gelegentlich erwachte, um Luft zu holen.

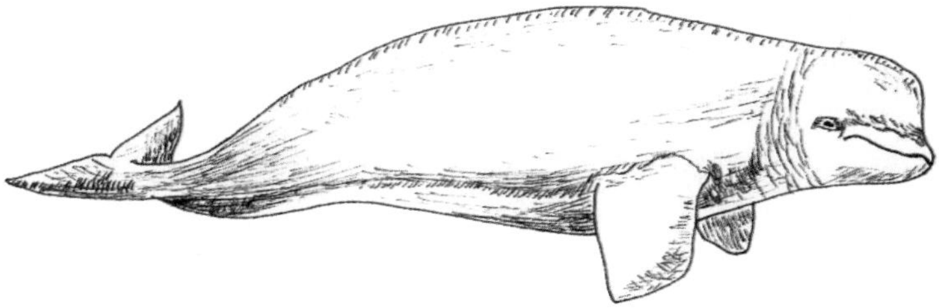

Delfinspiele

Als die Sonne aufging, war Zabu putzmunter und machte sich fröhlich auf den Weg. Er war sich ganz sicher, heute seine Familie wiederzufinden.

Mit kräftigen Stößen der Schwanzflosse schwamm er voran. Zwischendurch musste er zum Luftholen auftauchen und nutzte das manchmal dazu, sich umzuschauen.

Eine ganze Weile war nichts zu sehen außer dem weiten Horizont und der ruhigen See. Er schwamm und schwamm, und immer wieder hielt er nach den großen, schwarzen Rückenflossen seiner Familie Ausschau.

Dann sah er einen Punkt am Horizont. Er konnte nicht ausmachen, was es war, und steuerte erst einmal darauf zu. Schnell kam er näher und merkte, dass es sich um ein kleines Boot handelte.

Vorsichtshalber tauchte Zabu unter, wie er es von seiner Familie gelernt hatte. Als er dem Boot näher kam, sah er einen Wal, der nahe dem Boot hin und her schwamm und ab und zu in die Luft sprang. Neugierig schwamm Zabu noch näher heran. Eigentlich sollte er sich von Booten fernhalten, aber der kleine graue Wal schien ja auch nicht in Gefahr zu sein. Er sprang ausgelassen aus dem Wasser, schlug in der Luft Saltos und klatschte vergnügt ins Wasser zurück.

Zabu konnte von den Menschen, die auf dem Boot sein mussten, nicht viel sehen. Irgendetwas baumelte ins Wasser. Das konnte ein Körperteil eines Menschen sein, aber Zabu war sich nicht sicher. Wozu sollte so ein komischer Körperteil gut sein? Er konnte ja nicht wissen, dass es sich um die Beine eines Menschen handelte.

Er richtete seine Aufmerksamkeit auf den grauen Wal und bewunderte dessen akrobatische Künste.

„Hallo!“, rief Zabu ihm zu. „Wer bist du und was tust du da?“ Der kleine Wal unterbrach seine Toberei und sauste wie der Blitz auf Zabu zu.

„Hallo, du einsamer Schwertwal. Ich bin Bajaschnuh, der Delfin. Aber du brauchst dir nicht den langen Namen zu merken. Den brauche ich nur, wenn wir mit einer anderen Gruppe von Delfinen zusammentreffen. An dem Namen kann man nämlich sofort erkennen, zu welcher Familie ich gehöre. Ba ist das Zeichen für unsere Gruppe, die Großfamilie. Nuh ist der Name meiner Mutter. Also nenne mich einfach Jasch. Jasch ist mein eigentlicher Name. Und wie heißt du?"

Zabu nannte seinen Namen und fragte dann noch einmal: „Was machst du hier so nah bei dem Boot? Hast du denn gar keine Angst vor den Menschen?"

Der Delfin war überrascht: „Wieso soll ich mich vor den Menschen fürchten? Sie sind immer freundlich und geben mir manchmal sogar ein paar von ihren gefangenen Fischen ab. Der Mensch im Boot ist ein kleiner Junge. Wir spielen fast jeden Tag zusammen."

Zabu wunderte sich. In der Vergangenheit hatte er nur Schlechtes über die Menschen gehört, und auch seine eigenen Erlebnisse waren bisher nicht gut gewesen.

Die Menschen hatten ihn mit einem Netz von seiner Familie getrennt, und sie hatten den Blauwal Makara mit einem Stock verletzt. Gab es etwa auch Menschen, die nicht gefährlich waren und die nichts Böses im Sinn hatten? Vielleicht waren ja nicht alle Menschen schlecht.

„Komm doch mit mir. Du musst keine Angst haben“, schlug Jasch vor und schwamm wieder zu dem kleinen Boot zurück. Zabu zögerte, aber dann folgte er dem Delfin. Langsam und vorsichtig tauchte er auf.

Als er die Wasseroberfläche durchbrach und nach einer kräftigen Wasserfontäne aus seinem Blasloch Luft holte, hörte er den Jungen auf dem Boot etwas rufen. Aber Zabu konnte die Menschensprache natürlich nicht verstehen. Gefährlich sah der Mensch dort jedenfalls nicht aus. Er war ja geradezu winzig.

Der Schwertwal schwamm näher heran. Zu seinem Erstaunen konnte er beobachten, wie sich der Delfin von dem Jungen anfassen ließ. Dann flog ein roter Ball aus dem Boot.

Jasch flitzte hinter dem Ball her und stupste ihn mit seiner langen Schnauze wieder zum Boot zurück. Der Junge nahm den Ball und warf ihn erneut. Und wieder brachte der Delfin den Ball zurück. So ging es eine Weile hin und her, und plötzlich landete der Ball direkt vor Zabu. „Los, spiel mit!“, rief ihm der Delfin zu. „Warum eigentlich nicht“, dachte Zabu und berührte vorsichtig den Ball.

Er war glatt und leicht, und Zabu konnte ihn ohne Mühe bewegen. Immer wieder stupste er mit seiner Stirn dagegen. Dann dachte er sich etwas anderes aus. Er tauchte unter dem Ball durch, drehte sich auf den Rücken, und als er gerade mit seiner mächtigen Schwanzflosse direkt unter dem Ball war, hob er sie so schnell aus dem Wasser, dass der Ball weit durch die Luft flog.

Der Junge klatschte vor Begeisterung in die Hände, und auch der Delfin Jasch hüpfte vor Freude aus dem Wasser. Zabu hatte Spaß an diesem neuen Spiel. Der Junge angelte den Ball aus dem Wasser und warf ihn erneut. Jasch und Zabu schwammen beide gleichzeitig los, um den roten Ball zu holen. Diesmal war der Delfin schneller.

Aber Jasch schubste Zabu den Ball zu, und der kickte ihn wieder mit seiner Schwanzflosse zum Boot. Immer wieder sauste der rote Ball durch die Luft, und die beiden Wale stürmten hinterher. So spielten sie eine ganze Weile.

Die Zeit verging sehr schnell. Es wurde Mittag, und der Junge hörte auf, den Ball zu werfen.

Er startete einen kleinen Motor und tuckerte langsam in Richtung Ufer davon. Jasch verabschiedete sich von ihm, indem er seinen Körper weit aus dem Wasser schob und dem Jungen seinen Bauch zeigte.

Zabu verstand das Zeichen und machte es dem Delfin nach. „Heute habe ich etwas Wichtiges gelernt", sagte Zabu, „Menschen können auch freundlich zu uns Walen sein. Das finde ich toll."

Der Delfin stimmte ihm zu: „Ich habe es dir ja gesagt, aber du wolltest es nicht glauben. Sag mal, was machst du hier eigentlich so alleine?"

Erst bei dieser Frage merkte Zabu, wie sehr ihn die Sehnsucht nach seiner Familie quälte. „Gut, dass du fragst", sagte er, „ich bin auf der Suche nach meiner Familie. Gal, der Beluga, hat mir den Weg bis hierher beschrieben. Irgendwo in dieser Gegend muss meine Familie sein. Hast du eine Ahnung, wo?" Jasch überlegte kurz: „Nein, ich weiß es nicht, aber irgendjemand aus meiner Familie weiß es ganz bestimmt. Komm, lass uns zu ihnen schwimmen. Sie sind nicht weit weg."

Der Delfin schwamm voran, und Zabu hatte Schwierigkeiten, ihm zu folgen. So schnell war Jasch. Sie schossen mit hoher Geschwindigkeit durch das Wasser, und wenn sie gleichzeitig zum Luftholen auftauchten, spritzte das Wasser nach allen Seiten.

Es dauerte nicht lange, da sahen sie am Horizont ein riesiges Schiff. Zabu hatte Angst, aber Jasch schwamm mit unverminderter Geschwindigkeit darauf zu, und da Zabu dem Delfin inzwischen vertraute, folgte er ihm. Die Motoren des Schiffes dröhnten lauter und lauter. Bald konnten sie Jaschs Familie entdecken.

Zabu fuhr zusammen und schrie: „Wir müssen ihnen helfen! Sieh nur, das Schiff versucht sie zu überfahren!“ Aber Jasch lachte nur:

„Das ist doch nur ein Spiel. Sie schwimmen vor dem Schiff her und lassen sich jagen. Das macht riesig Spaß. Du solltest es aber lieber nicht probieren. Ich glaube, du schwimmst ein bisschen zu langsam.“ Zabu sah, wie die Delfine vor dem großen Schiff hersprangen und herumtobten.

Sie schossen nur so durch das Wasser. „Du hast recht, Jasch. So schnell bin ich leider nicht." Jasch lachte wieder: „Gut, dass du es einsiehst. Ich werde hinschwimmen und fragen, ob sie etwas über den Aufenthaltsort deiner Familie wissen. Warte hier auf mich."

Schon sauste er los. Zabu konnte sehen, wie sich Jasch kurz zu den anderen Delfinen gesellte.

Sofort kam er wieder zurück und berichtete zufrieden: „Deine Familie ist gar nicht weit weg. Du wirst sie heute noch treffen. Wenn du in die Richtung schwimmst, aus der dieses Schiff gekommen ist, wirst du bald auf deine Familie treffen. Zieh lieber gleich los, damit du sie noch vor Sonnenuntergang findest. Mach's gut, Zabu. Wir werden uns bestimmt wiedersehen."

Zabu freute sich unheimlich über diese gute Nachricht. „Ich danke dir, Jasch, mein Freund. Bis bald." Zabu schwamm sofort los. Dann zögerte er und drehte sich um. Er sah, wie sich der Delfin mit kräftigen Schwanzschlägen weit aus dem Wasser hob. Es war das Zeichen für „Auf Wiedersehen". Auch Zabu hob seinen mächtigen Körper senkrecht an die Oberfläche, um sich zu verabschieden. Dann setzte er seine Reise fort.

Das Wiedersehen

Ungeduldig schwamm er einige Stunden. Als die Sonne langsam unterging, war er traurig, weil er seine Familie immer noch nicht gefunden hatte.

Der Himmel wurde rot, als die Sonne ihre letzten Strahlen über das Wasser schickte. Plötzlich sah Zabu viele große Rückenflossen, die wie unheimliche Schatten aus dem Wasser ragten. Aber diese Schatten waren ihm vertraut. Es war seine Familie! Er hatte sie endlich gefunden. Sein Herz hüpfte vor Freude.

So schnell er konnte, schwamm er zu ihnen und rief: „Mama, Mama! Ich bin wieder da!" Seine Familie schwamm ihm begeistert entgegen und umkreiste ihn, während sie ihn einzeln mit den Seitenflossen berührten.

Als ihn alle begrüßt hatten, schwamm Zabu glücklich neben seiner Mutter. Sie streichelte ihn sanft mit ihren Flossen. „Es ist so schön, endlich wieder bei dir zu sein", sagte er.

Zabu musste an die vielen spannenden Abenteuer denken, die er auf seiner Reise erlebt hatte. Seine Familie spürte das, und alle wurden sehr neugierig.

„Ihr werdet nicht glauben, was ich alles erlebt habe!“, sagte Zabu und begann zu erzählen.

Wissenswertes über Wale

Wale sind keine Fische, Wale sind Säugetiere. Sie haben genauso warmes Blut wie Menschen. Damit Wale im Wasser nicht frieren, haben sie eine dicke Fettschicht. Beim Grönlandwal wird diese Speckschicht 50 cm dick.
Wale müssen zum Atmen an die Wasseroberfläche. Sie atmen nicht wie Fische mit Kiemen, sondern mit einer Lunge. Beim Ausatmen pustet der Wal das Wasser hoch, das noch auf dem Blasloch ist. Zusammen mit dem Kondenswasser der warmen Atemluft entsteht eine Fontäne. Beim Blauwal wird diese Fontäne, die Blas genannt wird, bis zu 9 Meter hoch.
Die Babys der Wale wachsen im Körper der Mutter heran und werden lebend geboren. Direkt nach der Geburt müssen sie auftauchen, um Luft zu holen. Die Walmutter stillt ihr Kind mehrere Jahre lang mit einer sehr fetthaltigen Milch. Typisch für Säugetiere bewegen die Wale ihren Körper auf und ab, und nicht wie Fische und Reptilien seitwärts. Das kann man besonders gut an der Schwanzflosse, der Fluke, sehen.

Man unterscheidet Bartenwale und Zahnwale. Zahnwale haben bis zu 252 Zähne und fressen meistens Fische oder Tintenfische. Der Schwertwal jagt in manchen Regionen auch Robben und greift sogar Großwale an. Es gibt über 70 verschiedene Zahnwalarten.
Die 11 Arten der Bartenwale ernähren sich mit einer anderen Methode. Sie besitzen bis zu 4 m lange ausgefranste Hornplatten an ihrem Oberkiefer. Sie nehmen Tonnen von Wasser in ihr riesiges Maul auf und filtern es wie mit einem Sieb, wenn sie es durch die Barten wieder hinausdrücken. Der größte Bartenwal, der Blauwal, frisst die kleinsten Tierchen im Meer, das tierische Plankton. Andere Bartenwale verschlingen auch kleinere Fischsorten.

Die Walarten aus dem Buch:

Schwertwal:	Zahnwal, bis 9 m lang, „Schwert“ = Rückenflosse bis 2 m
Pottwal:	Zahnwal, bis 20 m lang, taucht bis 3000 m tief und bis 2 Stunden
Buckelwal:	Bartenwal, bis 18 m lang, bekannt für seine Gesänge
Blauwal:	Bartenwal, bis 35 m lang, wiegt so viel wie 33 Elefanten
Beluga:	Zahnwal, (Weißwal), bis 5,5 m lang und 1,4 Tonnen schwer
Delfin:	Zahnwal, bis 4 m lang, in allen Meeren zu finden

Organisationen, die sich zum Schutz der Wale einsetzen:

GRD
Gesellschaft zur Rettung der Delphine e.V.
Kornwegstr. 37
81375 München
www.delphinschutz.org

WDCS – Whale and Dolphin Conservation Society
Kinder-Website:
www.action-kids.de

www.Meeresakrobaten.de

Greenpeace e.V.
Große Elbstraße 39
22767 Hamburg
www.greenpeace.de

Bücher über Wale

„Das Wale-Kinder-Buch“, Cynthia D'Vincent, Findling Verlag, ab 6 Jahre

„Wale – Giganten der Meere“, Greenpeace-Buch, Elisabeth Lemke, Jean C. Rocke, Kosmos Verlag, ab 10 Jahre

„Wale und Delfine. Die 64 wichtigsten Arten“, Rüdiger Wandrey, Kosmos Verlag, ab 12 Jahre